Erfolgreiche Führung durch Selbstführung
Michael Lorenz
Nora Haager

I0465107

Michael Lorenz
Nora Haager

Erfolgreiche Führung durch Selbstführung

3. Auflage

Copyright © 2016, 2020, 2026
Michael Lorenz, Nora Haager, Autoren
grow.up. Managementberatung GmbH
Quellengrund 4, 51647 Gummersbach
lorenz@grow-up.de
Tel.: 02354/70890-0
www.grow-up.de
Redaktion: Ilona Haselbach, grow.up.
Managementberatung GmbH
Cover: Bilderstellung mit KI/ChatGPt

3. Auflage 2026

ISBN-13: 978-1523421688
Imprint: Independently published

Inhaltsverzeichnis

Vorwort

Imagine life as a game in which you are juggling some five balls in the air. They are Work, Family, Health, Friends and Spirit and you're keeping all of these in the air.

Bryan Dyson
ehemaliger CEO bei Coca Cola

Zeit ist Mangelware. Vor allem Führungskräfte beklagen häufig, zu wenig davon zu haben. Auf den ersten Blick kein Wunder, sind ihre Aufgabenbereiche doch unglaublich vielfältig und umfangreich: Ziele setzen, Mitarbeiter motivieren, beurteilen, unterstützen, coachen, kritisieren, Feedback geben, Aufgaben planen, kommunizieren, delegieren, kontrollieren. Um nur einige zu nennen. Neben diesen Erwartungen an ihre Rolle als Führungskraft gibt es eine Vielzahl weiterer Rollenerwartungen, die man an sie als Vater/Mutter, Partner/in, Freund/in, Sohn/Tochter, Betriebsratsmitglied, Hobby-Fußballer/in, etc. hat.

Der Schlüssel, um diese Rollen und Aufgaben erfolgreich und effektiv zu erfüllen – und sich dabei stets selbst, die eigenen Bedürfnisse und Ziele im Leben im Blick zu haben, liegt in einer systematischen Selbstführung.

Dieses Buch soll Sie dabei unterstützen, Ihre Selbstführung zu optimieren, Arbeitsaufgaben zu strukturieren sowie Zeit für wirklich wichtige Aufgaben und Freiräume für die eigene Person zu gewinnen.

In diesem Buch aus der Reihe *Führung TO.GO.* erfahren Sie die wesentlichen Dinge, die man als Führungskraft über das Thema Zeit- und Selbstmanagement wissen sollte.

Michael Lorenz   Nora Haager

Gummersbach, im Februar 2026

Hinweis: Wir nutzen in diesem Buch männliche und weibliche Formen, ohne dass dies eine Bevorzugung oder Zurücksetzung einer Geschlechterform darstellen soll. Es ist in allen Ausführungen aber sinngemäß immer die männliche und weibliche Form gemeint.

Was bedeutet Selbstführung eigentlich?

Selbstführung bezeichnet die Kompetenz, die Menschen dazu befähigt, die berufliche wie persönliche Entwicklung unabhängig von äußeren Anforderungen und Bedingungen erfolgreich zu gestalten. Selbstführung umfasst viele verschiedene Teilaspekte und -kompetenzen wie Zeitmanagement, Zielsetzung, Planung, Erfolgskontrolle und Motivation, Lernbereitschaft und Lernfähigkeit.

Selbstmanagement/Selbstführung bedeutet:

- die Fähigkeit, selbstständig authentische und v. a. sinnvolle Ziele zu setzen (Zielfindung) und sich selbst zu motivieren (Motivation),
- einen Plan oder eine Strategie für die effiziente Umsetzung der eigenen Ziele zu erarbeiten (Planung),
- diesen Plan konsequent zu verfolgen und umzusetzen (effizientes Handeln),
- für eine effiziente Selbstorganisation zu sorgen und Aufgaben anhand der eigenen Ziele zu priorisieren (Zeitmanagement),
- Fortschritte und (Zwischen-) Ergebnisse regelmäßig zu kontrollieren,
- hieraus Maßnahmen zur Effizienzsteigerung abzuleiten (lebenslanges Lernen).

Studien zeigen, dass Menschen, die sich selbst führen, berufliche Herausforderungen besser bewältigen und zufriedener mit ihrem Arbeitsleben sind.

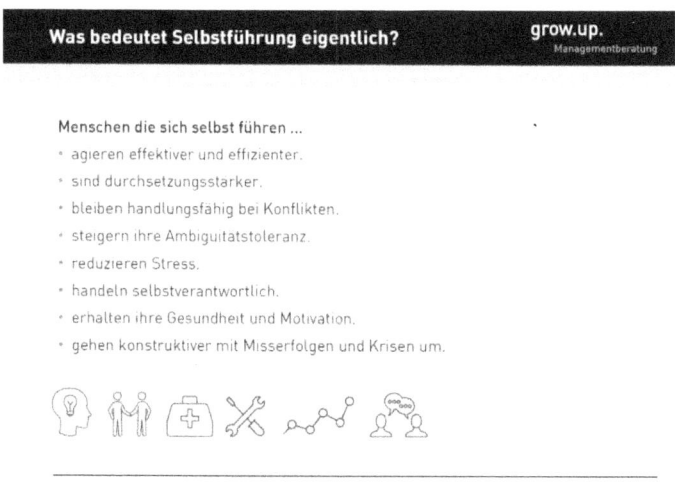

Abb. 1: Was bedeutet Selbstführung eigentlich?

Zeitmanagement als wichtiger Aspekt der Selbstführung

Zeitmanagement ist der gezielte Einsatz von Arbeitsmethoden und Arbeitstechniken zur effizienten Planung, Durchführung und Überwachung von anfallenden Aufgaben, um die zur Verfügung stehende Zeit optimal einzuteilen und zu nutzen. Ziel dabei ist, Ihre eigene Zeit optimal zu gestalten – und zwar nicht nur im Beruf, sondern in allen Lebensbereichen – um mehr Zeit für die wichtigen Dinge zu haben. Dies bedeutet, die eigene Zeit und Arbeit aktiv zu beeinflussen. Sie können durch eine systematische Zeitplanung erstaunlich viel Zeit gewinnen.

> *Zeitmanagement* bedeutet:
>
> - seine Zeit möglichst effektiv einzusetzen,
> - die eigene Zeit und Arbeit zu beherrschen, anstatt von ihnen beherrscht zu werden,
> - das Finden einer eigenen Struktur zur effizienten Planung und Erledigung anstehender Aufgaben und Aktivitäten, um auf diese Weise Zeit zu sparen,
> - das Bewusstsein der eigenen Ziele im Privat- und Berufsleben sowie das Erreichen einer persönlichen Balance,
> - ein Kernstück jeglicher Arbeitsmethodik sowie eines erfolgreichen Selbstmanagements.

Welchen Nutzen bringt mir Zeitmanagement?

Zeitmanagement hilft Ihnen dabei, mit der gewonnenen Zeit die wirklich wesentlichen Dinge zu erledigen. Durch diese konsequente Ausrichtung auf das Wesentliche, behalten Sie mit einem systematischen Zeitmanagement immer die wichtigen Dinge im Blick.

> *Vorteile eines konsequenten Zeitmanagements:*
>
> - Konzentration auf das Wesentliche
> - Entscheidung über Prioritäten und Delegation
> - Überblick und Klarheit über die Tagesanforderungen
> - Erledigung der wichtigsten Dinge in der richtigen Zeit
> - Reduzierung von Verzettelung, Stress und Zeitdruck
> - Steigerung der Leistungsfähigkeit, Arbeitsproduktivität und -effizienz
> - Rationalisierung durch Aufgabenbündelung

vollen zwei Wochen dafür benötigen. Nutzen Sie also die positive Kraft von Deadlines. Um Ihr Zeit- und Selbstmanagement zu verbessern und Ihre Effizienz zu steigern, setzen Sie sich also selbst klare Fristen – und zwar bei jeder anfallenden Aufgabe. Das erhöhte die Konzentration auf die Aufgabe und hilft dabei, dass Sie sich vor allem auf das Wesentliche und wirklich Wichtige fokussieren. Ein ungeheurer Zeitgewinn!

6. Delegieren Sie

Delegieren Sie überall dort, wo es möglich ist. Alle Aufgaben, die andere tun könnten, sollten andere auch tun. Geben Sie aber nicht nur unliebsame Aufgaben ab, denn sonst fühlen sich andere schnell missbraucht und nicht wertgeschätzt. Wann, an wen und wie Sie am besten delegieren, lesen Sie in unserem Buch *Erfolgreiche Führung durch Delegation* der grow.up.-Reihe *Führungswissen punktgenau.*

7. Agieren Sie vorausschauend

Wenn Sie langfristig planen und sich vorbereiten, beugen Sie dadurch Problemen und stressigen Situationen vor. Vermeiden Sie das ewige Hinauszögern lästiger Aufgaben und handeln Sie rechtzeitig. So vermeiden Sie unnötige Engpässe.

8. Bündeln Sie Routineaufgaben

Einfache Aufgaben und Routinetätigkeiten sollten Sie in Serienfertigung erledigen. Wenn Sie gleichartige Aufgaben zu Arbeitsblöcken bündeln, werden Sie Ihre Arbeit schneller als bisher bewältigen können. Der Grund dafür liegt in der einmaligen Vorbereitungszeit für die Aufgaben.

9. Machen Sie Pausen

Wenn Sie zu lange und intensiv am Stück arbeiten, macht sich dies meist nicht bezahlt. Ihre Konzentration und die Leistungsfähigkeit lassen nach und Sie machen Fehler. Viele Führungskräfte gönnen sich keine Pause, weil so viel zu erledigen ist und aus Angst, das Arbeitspensum sonst nicht bewältigen zu können. Sollen jedoch Konzentrations- und Leistungsfähigkeit über einen längeren Zeitraum erhalten bleiben, sind Pausen unerlässlich. Richtige Pausen sind keine Zeitverschwendung, sondern erholsames Auftanken von Energie. Ohne regelmäßige Pausen (etwa alle 90 Minuten), ist sehr schnell das Leistungstief erreicht.

10. Vermeiden Sie ungeplante, impulsive Aktivitäten

Kommt Ihnen diese Situation bekannt vor? Sie sitzen am Schreibtisch und plötzlich fällt Ihnen etwas ganz anderes ein, das Sie unbedingt noch erledigen wollen – z. B. einen Bekannten zurückrufen, um etwas zu klären. Diesen Impulsen sollten Sie nur nachgeben, wenn die Unterbrechung für Ihre momentane Tätigkeit sinnvoll ist. Ansonsten gilt: Keine Ablenkung vom Weiterarbeiten. Um derartige, spontane Gedanken nicht zu vergessen, sollten Sie sich eine Notiz machen. Sie können diese Dinge dann zu einem späteren, geeigneteren Zeitpunkt erledigen. Arbeiten Sie nach dem Notieren direkt weiter, sonst benötigen Sie wieder einige Zeit, um in den Arbeitsprozess zurückzufinden.

Welche Zeitdiebe gibt es und wie kann ich sie *dingfest* machen?

Zeitdiebe stehlen Ihre Zeit und sind meistens Personen oder Tätigkeiten, die viel Zeit in Anspruch nehmen, Ihnen unglaublich auf die Nerven gehen und Sie am Ende mit wenigen Ergebnissen frustriert zurücklassen. In folgenden Bereichen finden sich Zeitdiebe:

Zeitplanung und Arbeitsmethodik:

- Unklare Zielsetzung
- Unzureichende Tagesplanung
- Versuch, zu viel gleichzeitig zu tun
- Fehlender Überblick über alle anfallenden Aufgaben
- Spontane Änderung der Prioritäten

Wir unterschieden Zeitdiebe in einer Person und Zeitdieben in der Umgebung.

Zeitdiebe in uns selbst sind beispielsweise:

- Zielloses Handeln
- Fehlende Prioritäten
- Aufschieberitis
- Disziplinlosigkeit
- Mangelnde Selbstorganisation
- Fehlende Tagesplanung
- Viele Aufgaben gleichzeitig
- Nicht Nein sagen können
- …

Zeitdiebe in unserer Umgebung können sein:

- Mangelnde Kommunikation durch andere, fehlende Informationen

- Chaos bei anderen

- Schlechte Absprachen

- Unklare Anforderungen

- Ungeplante Zusatzaufgaben

- Termindruck

- Häufige Unterbrechungen durch Telefonate

- Warten auf Gesprächspartner, Kunden, Chefs, Mitarbeiter, usw.

- ...

Die folgende Checkliste gibt nochmals einen Überblick über mögliche Zeitdiebe und zeigt Lösungsmöglichkeiten auf, wie Sie diese eliminieren können.

Checkliste: Zeitdiebe

Zeitdiebe	Mögliche Lösungen
Fehlende Planung und Organisation	
Ich habe kein Planungssystem.	Legen Sie sich ein Zeitplanbuch oder ein zu Ihnen passendes System zu.
Ich plane meine Arbeitstage nicht oder zu wenig.	Planen Sie am Abend des Vortages, welche Aufgaben am nächsten Tag unbedingt erledigt werden müssen.
Ich fürchte, den Überblick zu verlieren.	Mit einem Zeitplanbuch haben Sie eine bessere Übersicht als mit dem Stapel aller Unterlagen auf dem Tisch.

Ich bin auch ohne Planung erfolgreich.	Berücksichtigen Sie, dass geplante Aktivitäten sehr viel häufiger zu guten Ergebnissen führen als ungeplante.
Bei mir verläuft jeder Tag anders und Unvorhergesehenes kann ich ohnehin nicht planen.	Planung schafft Zeiträume für Unvorhergesehenes und die wirklich wichtigen Aktivitäten.
Ich schiebe gern auf.	Nehmen Sie die wirklich wichtigste Aufgabe zuerst in Angriff. Setzen Sie sich selbst Endtermine.
Ich setzte zu wenig oder keine Prioritäten.	Legen Sie Prioritäten nach den Kriterien Dringlichkeit und Wichtigkeit fest und erledigen Sie zuerst die Aufgaben mit den höchsten Prioritäten.
Ich setze keine oder zu selten Endtermine für die Aufgaben.	Setzen Sie sich bei allen Aufgaben einen realistischen Termin und halten Sie diesen auch ein.
Hast und Ungeduld	
Ich versuche, zu viel innerhalb zu kurzer Zeit zu tun.	Tun Sie weniger selbst, delegieren Sie mehr.
Ich bin zu ungeduldig, um mich auch im Detail um Dinge zu kümmern.	Erledigen Sie alle Aufgaben konsequent und richtig. Sparen Sie sich die Zeit, das Ganze später noch einmal anfangen oder überarbeiten zu müssen.
Unentschlossenheit	
Ich habe Angst, Fehler zu machen.	Erkennen Sie, dass jeder Fehler die Möglichkeit neuer Erfahrungen bietet (Lernprozess).
Meine Entscheidungen sind häufig spontan, nicht so sehr rational.	Sammeln Sie Tatsachen, setzen Sie Ziele und untersuchen Sie Alternativen. Verwenden Sie bewährte Entscheidungstechniken und führen Sie die getroffene Entscheidung auch durch.

Ich muss vor einer Entscheidung immer alle Fakten kennen.	Akzeptieren Sie Risiken als unvermeidbar. Treffen Sie Entscheidungen auch ohne alle Tatsachen zu kennen. Oft ist eine mittelmäßige Entscheidung besser als keine Entscheidung.
Manche Sachen mache ich einfach ungern (fehlende Initiative, mangelnde Motivation).	Finden Sie die Gründe für Ihre eventuelle Unzufriedenheit heraus (Arbeitseinstellung, Mitarbeiter, Tätigkeiten).

Um Ihre individuellen Zeitdiebe zu identifizieren, verwenden Sie die nachfolgende Checkliste.

Checkliste: Meine Zeitdiebe

Meine Zeitdiebe	Das kann ich künftig dagegen tun

Die Getting Things Done (GTD) Methode (nach David Allen)

Sie verlassen morgens das Haus mit dem Vorhaben, fünf Dinge zu erledigen – Käse und Olivenöl kaufen, einen Kundendiensttermin für Ihr Auto vereinbaren, ein Rezept beim Arzt abholen und mit Ihren Mitarbeitern am anderen Standort eine Telefonkonferenz machen, um mit ihnen über das neue Projekt zu sprechen. Weil Sie nicht vergesslich sind, müssen Sie sich diese Dinge natürlich nicht aufschreiben.

Auf dem Weg zum italienischen Supermarkt um die Ecke klingelt Ihr Handy. Ein alter Freund fragt, ob Sie heute Zeit für ein persönliches Treffen hätten, er braucht Ihren Rat. Klar, kein Problem – heute Abend. Eigentlich wollen Sie auflegen, aber Ihr Freund ist sichtlich geknickt und er möchte sich am liebsten gleich jetzt schon alles von der Seele reden. Während Sie ihm zuhören, gehen Sie Ihre To-Do-Liste noch einmal kurz durch: Käse und Olivenöl, Arzt, Telefonkonferenz. Aber wenn ihr Freund heute Abend zum Essen vorbeikommt, brauchen Sie auch noch Baguette und eine Flasche Rotwein.

Okay, also: Käse, Olivenöl, Baguette, Rotwein, Arzt, Telko. Uff. Ach ja, halt, der Kundendiensttermin. Was muss eigentlich alles gemacht werden? Bekomme ich überhaupt einen Ersatzwagen oder muss ich mich für diese Zeit mit den Öffentlichen Verkehrsmitteln begnügen? Und zum Wechseln auf Winterreifen bin ich auch noch nicht bekommen – können die das nicht gleich mit machen? Also nochmal: Käse, Olivenöl, Rotwein... Hörst du mir überhaupt noch zu? Äh, ja, was hast du noch gleich gesagt?

Kennen Sie das auch? Der Kopf ist übervoll mit Aufgaben und Dingen, die Sie unbedingt erledigen müssen. Und das nicht nur im Beruflichen, sondern auch in Ihrer Freizeit.

Fünf Dinge kann man noch behalten, aber wenn man dann, während man gerade dabei ist die Aufgaben abzuarbeiten, per E-Mail, Telefon oder einfach per Zuruf der Kollegen über den Schreibtisch noch weitere Arbeitsaufträge und Anfragen erhält, dann kann es schon eng werden mit dem Erinnern und man bringt eventuell aktuelle und vorherige Aufgaben durcheinander. Die meiste Zeit ist man also damit beschäftigt, sich zu überlegen, was noch alles ansteht und kann sich damit nicht auf die aktuelle Aufgabenbearbeitung konzentrieren. Am Ende fühlt man sich überlastet.

Wenn Ihnen das auch so geht, brauchen Sie ein System zur Selbstorganisation. Ein solches System ist die *Getting Things Done Methode* oder kurz GTD. Die von David Allen, einem amerikanischen Managementberater und Trainer, entwickelte Methode hat zwischenzeitlich Kultstatus erreicht. Sie geht davon aus, dass die größte Belastung für unser Gehirn darin besteht, dass man sich die Dinge, die man zu erledigen hat, immer und immer wieder in Erinnerung ruft. Das verstopft unser Gehirn, wir fühlen uns überlastet und haben einen *dicken Kopf*. GTD kann dazu beitragen, dass Sie sich von diesen stressigen Denkschleifen befreien, die Dinge erst dann wieder in Erinnerung bringen, wenn sie gebraucht werden und dennoch alle Aufgaben pünktlich erledigt bekommen.

Die drei Grundprinzipien des Selbstmanagements

Um aus dem eigenen Gedankenkarussell auszubrechen und sich von äußeren Einflüssen unabhängiger zu machen, schlägt Allen drei Grundprinzipien vor:

- Die lückenlose Erfassung aller Gedanken, die in unserem Kopf herumschwirren sowie aller anstehenden Aufgaben

- Eine klare Ziel- oder Ergebnisausrichtung/-orientierung

- Eine Festlegung der einzelnen Zwischenschritte/Milestones, die notwendig sind, um an das Ziel zu kommen.

Das lückenlose Notieren Ihrer Gedanken

Das erste Grundprinzip hat die GTD mit anderen Selbstmanagementmethoden gemeinsam: Das Verschriftlichen Ihrer Gedanken. Der entscheidende Unterschied ist jedoch, dass Sie bei der GTD nicht nur Dinge aufschreiben, die mit Ihrer Arbeit oder mit Terminen verbunden sind, sondern konsequent alles, was Ihre Aufmerksamkeit erfordert. Vielleicht fragen Sie sich in diesem Moment, ob Sie beispielsweise auch aufschreiben sollen, dass Sie Ihre Kollegen auf die Milch im Büro ansprechen, weil immer wieder jemand die angebrochene Milch in den Kühlschrank legt statt zu stellen und sie dadurch regelmäßig sauer ist? Wenn Sie sich täglich darüber ärgern: auf jeden Fall. Warum? Weil all die Gedanken, die ständig in Ihrem Kopf herumschwirren, Sie belasten, Ihnen Nerven und Konzentration rauben und Ihre Tätigkeit dadurch ineffizient wird. Beruflich und privat. Mit der GTD Methode entleeren Sie Ihren Kopf und schaffen Platz für das Wesentliche.

Allerdings wird es einige Zeit brauchen, bis Ihr Kopf sich umstellt und darauf vertraut, dass Sie alle anstehenden Aufgaben notiert haben. Dazu sollten Sie konsequent nach dem ersten Grundprinzip handeln. Denn, wenn Sie selbst nicht davon überzeugt sind, dass Sie Ihre Aufgaben zuverlässig aufgeschrieben haben, werden Sie sich auch nicht auf Ihre Listen verlassen und Ihren Kopf nicht entlasten. Sie werden bemerken, dass es eine Phase der Umgewöhnung geben wird, in der Sie teilweise Überschneidungen zwischen dem, was Ihnen durch den Kopf geht, und dem, was Sie notiert haben, sehen werden. Im Laufe der Zeit lernen Sie jedoch, sich immer mehr auf Ihre Notizen zu verlassen und die Denkschleifen werden aufhören.

Die klare Ausrichtung auf das Ergebnis

Zur Erfüllung des zweiten Grundprinzips, ist es wichtig, beim Notieren Ihrer Aufgaben und Gedanken immer auch das übergeordnete Ziel beziehungsweise das Ergebnis zu bestimmen. Auf diese Weise können Sie für sich feststellen, welche Absichten und Visionen Sie verfolgen, was Ihnen besonders wichtig ist, welche Projekte und Aktivitäten Sie nach Abschluss noch einmal rückblickend betrachten sollten. Achtung: Es geht nicht darum, eine einfache Rangliste Ihrer Aufgaben zu erstellen, sondern sich der anstehenden Aufgaben und seiner ganz persönlichen Ziele bezogen auf diese Aufgaben bewusst zu werden. Während man diese verschriftlicht, hält man sie für sich außerhalb seines Kopfes fest und kann seine Notizen jederzeit als Gedankenstütze heranziehen.

Die Festlegung von Zwischenetappen zum Ziel

Mit Blick auf das angestrebte Ziel/Ergebnis sollte es Ihnen für die einzelnen Aufgaben nicht besonders schwerfallen, Etappen festzulegen, mit Hilfe derer Sie an Ihr Ziel gelangen. Wenn Sie die Teilschritte einer einzelnen Aufgabe kennen, wird sie Ihnen nicht mehr so groß und schwer zu bewältigen vorkommen. Durch das Erreichen von Zwischenzielen können Sie sich für das Endziel immer wieder selbst motivieren.

Ziel der GTD ist tatsächlich, dass man 100 Prozent der Anforderungen, die einem im Kopf herumschwirren und blockieren oder von der Arbeit abhalten, veräußerlicht. So kann man sich wiederholende Gedankengänge stoppen und dadurch die Möglichkeit, fokussiert und effizient zu arbeiten, zurückzugewinnen.

Alles aufzuschreiben, was man im Kopf hat, klingt nach Arbeit. Werden Sie also künftig, wenn Sie die GTD anwenden, den ganzen Tag mit Aufschreiben von Gedanken, Anforderungen und Aufgaben beschäftigt sein? Nein! Natürlich wird das Aufschreiben zu Beginn relativ viel Zeit in Anspruch nehmen. Doch mit etwas Übung wissen Sie, wie man Gedanken aufschreibt, damit es effektiv bleibt. Und – ganz wichtig – es stellt sich der Effekt des Erfahrungslernens ein und Ihr Gehirn wird sich nicht mehr in unpassenden Momenten an unwichtige Dinge erinnern. Sie werden also Zeit für die Wichtigen Dinge gewinnen.

Das Fünf-Stufen-Modell zur Steuerung von Arbeitsabläufen

Im Vergleich zu anderen Selbstmanagementmethoden ist das Getting Things Done-Konzept deutlich komplexer, dafür aber auch allumfassender (vgl. Abb. 2). GTD funktioniert sehr individuell. Gönnen Sie sich daher eine Testphase, um für sich selbst herauszufinden, ob diese Methode die Richtige ist. Um GTD konkret durchzuführen, stellt das nachfolgende Fünf-Stufen-Modell zur Steuerung der Arbeitsabläufe (workflow) einen sinnvollen Leitfaden dar.

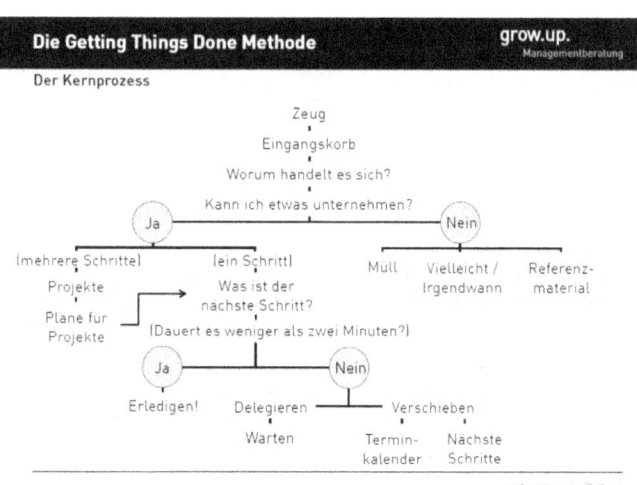

Der Kernprozess

Abb. 2: Die Getting Things Done Methode

Stufe 1: Erfassen (Collect)

Damit Sie keine Zeit mehr damit verbringen, sich zu überlegen, ob Sie auch an alles gedacht haben, ist es wichtig, alle anfallenden Aufgaben zu erfassen. Die Erfassung kann, in Abhängigkeit des Zeitraums, für den Sie sie anstellen, schon einmal eine bis sechs Stunden Ihrer Zeit benötigen. Machen Sie Ihren Kopf leer und breiten Sie alles vor sich aus, was Ihre Aufmerksamkeit braucht. Erstellen Sie Listen mit allem, was Ihnen einfällt. Was von außen an Sie herangetragen wird (z. B. Aufgaben, Kontoauszüge, Briefe, E-Mails, Zeitschriften, die Sie lesen wollen, Besorgungen, etc.) sammeln Sie in sog. Eingangsboxen. Zu diesen zählen E-Mail-Eingänge, eine Losblattsammlung auf Ihrem Schreibtisch oder auch Notizbücher. Es sollten genügend Eingangsboxen vorhanden sein, um alles aufzunehmen, jedoch keinesfalls mehr als nötig. Sie dienen nicht dem Ablegen von Dingen, sondern tatsächlich der Sortierung. Sortieren Sie am besten gleich alles aus, was unwichtig ist. Achten Sie darauf, dass Sie in Stufe 1 nicht bereits mit der Bearbeitung der Aufgaben beginnen. Das kann manchmal verlockend sein, bringt aber nur alles durcheinander. Haben Sie alle Aufgaben notiert, kommen die mentalen Zustände dazu. Schreiben Sie alle Ideen und Gedanken auf, die Ihnen im Kopf herum geistern, auch wenn sie privater Natur sind. Sich dieser Gedankengänge, die einen beeinflussen, bewusst zu werden, ist eine Art Frühjahrsputz im Kopf. Wenn die Gedanken nicht fließen, versuchen Sie es im Vorfeld mit Entspannung oder einem Spaziergang an der frischen Luft. Stufe 1 endet normalerweise mit einem ganz schön überfüllten Eingangskorb. Jetzt bloß keine Panik!

Stufe 2: Durcharbeiten (Process)

In Stufe 2 geht es nun darum, den Eingangskorb durchzuarbeiten und in Kategorien einzuordnen. Fragen Sie sich, ob Sie in der Sache *jetzt* etwas tun können.

Lautet Ihre Antwort **Nein**, gehört die Aufgabe der ersten Kategorie an. Sie lautet: *Wenn in der Sache nichts zu tun ist*. Sind die Dinge nicht zu ändern, bzw. unwichtig, sortieren Sie sie aus. Können Sie nur jetzt im Moment nichts tun, müssen sich die Dinge noch entwickeln oder die Ideen sind noch nicht spruchreif. Sie kommen auf den Stapel für *Später/Vielleicht*. Schließlich gibt es noch die Dinge, an denen Sie selbst zwar nichts ändern können, die aber als Referenzmaterial für Dinge, an denen man etwas tun kann, gelten können. Diese sollten Sie dann an die jeweiligen zugehörigen Blätter anheften und aufheben.

Antworten Sie mit **Ja**, ich kann in der Sache etwas tun, gehört die Aufgabe der zweiten Kategorie an. Sie lautet *Wenn in der Sache etwas zu tun ist*. Wenn die Aufgabenerledigung weniger als 2 Minuten dauert, erledigen Sie sie sofort (2 Minuten-Regel). Wenn jemand anderer die Aufgabe für Sie erledigen kann, delegieren Sie sie.

Welche Aufgaben Sie gut delegieren können und welche Sie als Führungskraft doch besser selbst erledigten sollten, lesen Sie in unserem Buch *Erfolgreiche Führung durch Delegation* aus der grow.up.-Reihe *Führungswissen punktgenau.*

Nachdem Sie den Eingang durchgearbeitet haben, haben Sie ...

- ... weggeworfen, was Sie nicht mehr brauchen.

- ... erledigt, was weniger als zwei Minuten Zeit dauert.

- ...delegiert, was Sie nicht selbst erledigen müssen.

- ...festgestellt, welche Verpflichtungen da sind.

Schritt 3: Ordnen und Organisieren (organize)

Wenn Sie die drei Aufgabenkategorien aussortiert haben, sollten nur noch jene Aufgaben, die Sie zeitnah erledigen müssen, die aber länger als zwei Minuten dauern, vor Ihnen liegen. Hierzu sollten Sie jeweils die Aufgabe, das Ziel und die ersten Bearbeitungsschritte notiert haben. Nun folgt das Ordnen mit Hilfe von Listen. Ziel dieser Listen ist es, Dinge direkt griffbereit zu haben, wenn man diese benötigt. Dabei gibt es ganz verschiedene Systeme – der klassische Aktenordner, die von Hand geschriebene Liste, am Computer, Agenden, ein Stapelsystem mit den Formularen. Finden Sie heraus, welches System Ihnen persönlich am besten liegt.

Nach der GTD-Methode gibt es ein Grundprinzip zur Einteilung der zu erledigenden Dinge: Tragen Sie alles in eine Projektliste ein, die Ihnen einen Überblick über alle Aufgaben gibt. Starten Sie dann – falls nötig – eine Sammlung der Hilfsmaterialien für die Projekte, also jenes Begleit- oder Referenzmaterial, das Sie bisher im Hinterkopf hatten. Machen Sie außerdem eine Erinnerungsliste für die nächsten Schritte sowie eine Erinnerungsliste, mit Dingen/Informationen, auf die Sie in dieser Sache noch warten müssen. Unter *Allgemeine Unterlagen/Referenzmaterial* legen Sie Dinge ab, an denen Sie nichts tun wollen, die aber dem Hintergrund anderer Aufgaben dienen. Die Liste *Vielleicht/Irgendwann* umfasst alle verschobenen Aufgaben, die noch Zeit brauchen.

Stufe 4: Durchsehen und Überprüfen (Review)

Die vierte Stufe erklärt sich von selbst. Gehen Sie Ihr Ordnungssystem noch einmal durch und prüfen Sie, ob Sie alle Aufgaben richtig zugeordnet haben. Achten Sie täglich darauf, ob Sie alle Termine im Terminkalender berücksichtigt haben. Verschaffen Sie sich einen Überblick über die anstehende Woche.

Stufe 5: Tun (Do)

Jetzt kann es endlich losgehen und Sie können mit der Aufgabenbearbeitung starten. Alle Aufgaben, die unter zwei Minuten dauern, haben Sie bereits erledigt. Nun stehen jene Aufgaben an, die mehr Zeit in Anspruch nehmen. Die Entscheidung darüber, welche Aufgaben zu erledigen sind, treffen Sie auf der Basis von *Kontext, verfügbarer Zeit, verfügbaren Kräften und Priorität*. Berufliche Aufgaben gehören ins Büro und private Überlegungen nach Hause. Wie Sie Ihre Aufgaben in Abhängigkeit von Zeit und Wichtigkeit am besten priorisieren, lesen Sie im nächsten Kapitel.

Dabei kann auch das *Drei-Stufen-Modell* zur Bewertung der *täglichen Arbeit* hilfreich sein – Unterschieden wird dabei zwischen vorbestimmten Arbeiten, gerade anfallenden und selbstbestimmten Arbeiten. Arbeiten, die von einem Kundentermin abhängen, sind oft denen, die man sich selbst und längerfristig gestellt hat, vorzuziehen. Gleichzeitig sollten Aufgaben, die akut anfallen, einen nicht sofort von der Aufgabe, die man aktuell bearbeitet, abhalten. Generell gilt: Eine Aufgabe nach der anderen abschließen! Es hat wenig Sinn, zwischen den Dingen hin und her zu springen, an Konzentration einzubüßen und zu keinem Ergebnis zu kommen.

Um den Überblick über das eigene Tun zu behalten, müssen wir alle folgenden Ebenen getrennt voneinander betrachten:

Ebene 5: Zweck und Grundsätze

Ebene 4: Vision für 3 bis 5 Jahre

Ebene 3: Ziele für ein oder zwei Jahre

Ebene 2: Verantwortungsbereiche

Ebene 1: Laufende Projekte

Grundebene: Aktuelles Handeln

Zur Grundebene, unserem aktuellen Handeln, gehört eine Auflistung von allem, was Sie tun oder erledigen müssen – Anrufe, E-Mails, Angebote, Aufträge, etc...

Zur Ebene 1, den laufenden Projekten, zählt vieles von dem, was derzeit an Tätigkeiten vor Ihnen liegt. Hierbei handelt es sich um die relativ kurzfristigen Ergebnisse, die

Sie erzielen wollen, etwa die Durchführung einer Aktion zur Neukundengewinnung.

Die zweite Ebene – Ihre Verantwortungsbereiche – haben Sie aufgrund Ihrer Rolle, Ihrer Interessen oder Zuständigkeiten selbst vorgegeben oder übernommen. Das sind die Kernbereiche, in denen Sie Ergebnisse erzielen und Standards einhalten wollen. Diese Verantwortungsbereiche und Schwerpunktthemen gibt es auch in Ihrem Privatleben: Familie, Finanzen, häusliche Umgebung, Hobbys und Erholung, etc. Wenn Sie diese Verantwortlichkeiten in Listen festhalten, gibt Ihnen das einen Rahmen, um Ihre Projekte insgesamt besser einschätzen zu können.

Die Frage, was Sie in den nächsten ein bis zwei Jahren in den unterschiedlichen Lebens- und Arbeitsbereichen erreichen und erleben wollen, bildet die Ebene 3 *Ziele* ab. Wenn Sie den Zielen und Erwartungen Ihres Jobs gerecht werden wollen, erfordert das oft eine Schwerpunktverschiebung Ihrer Tätigkeiten. Hierbei tauchen wiederum neue Verantwortungsbereiche auf. Auch privat wird es Dinge oder Projekte geben, die Sie gerne erfolgreich abschließen würden. Das lässt manche Aspekte in Ihrem Leben wichtiger werden und andere eher in den Hintergrund treten.

Auf Ebene 4 projizieren Sie Ihr Leben drei bis fünf Jahre in die Zukunft. Sie denken in größeren Zusammenhängen: Firmenstrategie, gesellschaftliche Entwicklungen oder Umstände, welche der Karriere und dem privaten Leben eine andere Richtung geben. Entscheidungen auf dieser Ebene können die Kennzeichen Ihrer Arbeit sehr leicht verändern.

Ebene 5 – Grundsätze – betrifft das Leben allgemein. Warum existiert mein Unternehmen? Warum existiere ich? Diese Ebene liefert uns die Kerndefinition dessen, was Arbeit wirklich ist. Alle anderen Ebenen leiten sich daraus her und führen wiederum dorthin.

In unser aktuelles Handeln sollten Drei-bis-Fünf-Jahrespläne nicht negativ hineinspielen. Wenn man diese unter einem Register abheftet, muss man sich während der Erledigung der akuten Aufgaben keine Gedanken darüber machen. Längerfristige Ziele werden verschriftlicht und betrachtet, wenn man Zeit dafür hat, anstatt sich in Gedanken immer wieder damit zu befassen und sich damit selbst von laufenden Projekten abzuhalten. Man muss am Dienstagmorgen im Büro nicht sein weiteres Leben planen! Dafür nimmt man sich lieber einmal am Wochenende ein paar Stunden Zeit und geht seine Vorhaben in Ruhe durch. Eine Ordnung im System, so Allens Grundsatz, wird auch im Kopf mehr Ordnung und Freiheit bewirken.

Vor- und Nachteile der GTD

Im Vergleich zu anderen Methoden liegt der Fokus der GTD nicht auf der Planung, sondern auf der Erledigung von Aufgaben – auch, wenn es auf den ersten Blick nicht so aussieht. Es wird immer der nächste Schritt definiert, damit werden auch große Aufgaben überschau- und erreichbar und man kommt schnell ins Handeln.

Der größte Vorteil liegt jedoch darin, dass all unsere Gedanken in ein System kommen und wir uns damit besser auf das Wesentliche fokussieren können und letztlich mehr Freiraum für neue Ideen und Gedanken gewinnen.

Jede Methode, ist sie auch noch so populär, hat auch Nachteile. So empfinden einige die GTD-Methode als zu umfangreich oder zu kompliziert. Der größte Nachteil ist damit die Einstiegshürde. Man muss das System begreifen, ehe es Sinn macht und man die Vorteile erkennt. Um es allerdings begreifen zu können, muss man ausprobieren und das erfordert Ausdauer und Geduld.

Bedenken Sie jedoch, dass sich Gewohnheiten nicht von heute auf morgen, sondern nur schrittweise ändern lassen.

Abb. 3 fasst noch einmal zusammen, warum es sich lohnt die GTD auszuprobieren:

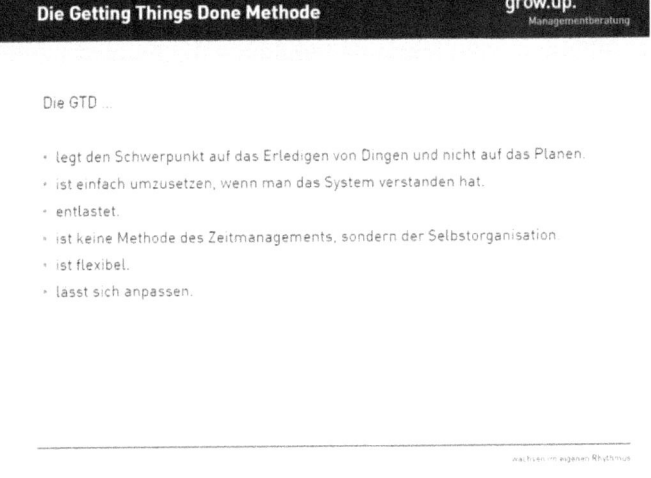

Die Getting Things Done Methode grow.up. Managementberatung

Die GTD ...

- legt den Schwerpunkt auf das Erledigen von Dingen und nicht auf das Planen.
- ist einfach umzusetzen, wenn man das System verstanden hat.
- entlastet.
- ist keine Methode des Zeitmanagements, sondern der Selbstorganisation.
- ist flexibel.
- lasst sich anpassen.

wachsen im eigenen Rhythmus

Abb. 3: Die Getting Things Done Methode, Die GTD ...

Die GTD ist sowohl mit Papier als auch mit Hilfe von Softwareprogrammen umsetzbar. Im Internet finden sich viele Umsetzungsvorschläge. Im Folgenden möchten wir Ihnen drei Möglichkeiten beispielhaft vorstellen:

OmniFocus 2 für iPhone und iPod touch

OmniFocus 2 ist eine Universal-iOS-App mit Apple Watch-Unterstützung. Sie ist klar gegliedert und mit flexiblen Ansichten, Standorterkennung und spontaner Aufgabeneingabe an fast allen Orten ein solides Verwaltungssystem für all die Dinge, die Sie in Ihrem Leben beschäftigen. So können Sie z. B. Orte definieren, die Sie häufig *anlaufen*, wie z. B. einen Supermarkt in der näheren Umgebung. Die App verknüpft nun die Einkaufsliste mit dem Standort und weist Sie darauf hin, Besorgungen doch gleich vor Ort zu erledigen. Außerdem können Sie Ihre Aufgaben nach Projekt, Person, Ort und Zeit nachverfolgen.

Kostenpunkt: 39,99 €

Vorteile	Nachteile
• Intuitiv, einfach zu bedienen • Guter Support • In neun verschiedenen Sprachen verfügbar	• Sehr teuer

Remember the milk

Mit der Web-App können Sie Ihre Aufgabenlisten erstellen, einzelne Aufgaben priorisieren, in Kategorien wie Arbeit, Privat, Sportverein, etc. sortieren. Sie können die Aufgaben mit Ihrem Online-Account auf der Webseite synchronisieren, so dass Sie Ihre Termine von jedem Gerät aus auf den neuesten Stand bringen können.

Erweiterungen gibt es für iPhone und BlackBerry, Plug-ins für Google Kalender und Google Mail und einen Benachrichtigungsservice per E-Mail, SMS oder Messenger.

Kostenpunkt: kostenlos in der einfachen Version, 22,00 € im Jahr für die Vollversion

Vorteile	Nachteile
<ul><li>Übersichtliche Funktionen</li><li>Webanbindung</li><li>Unbegrenzte Auto-Synchronisierung mit Remember the milk online</li><li>In 18 Sprachen verfügbar</li></ul>	<ul><li>Vollversion gebührenpflichtig</li><li>Registrierung notwendig</li><li>keine sichtbare Weiterentwicklung</li></ul>

 Toodledo

Todledo ist ein kostenloser Webdienst, mit dessen Hilfe Sie To-Do-Listen anlegen, die Sie bei Bedarf über eine individuelle URL mit Ihren Kontakten teilen können. Neben der knappen Aufgabenbeschreibung legen Sie Dringlichkeit, Anfangsdatum, Länge und Status Ihrer Aufgaben fest.

Toodledo arbeitet mit vielen Webdiensten zusammen und ist mit üblichen Office-Standards wie CSC-Tabelle, XML oder RSS kompatibel. Damit importiert und exportiert man Aufgabenlisten nach Excel, in Smartphone-Kalender oder Twitter-Accounts. Sie können sich Aufgaben selbst per E-Mail schicken oder umgekehrt Aufgaben per E-Mail an eine Liste schicken.

Vorteile	Nachteile
<ul><li>Einfach und intuitiv</li><li>Viele Sortiermöglichkeiten</li><li>Import- und Exportfunktionen</li><li>Share-Funktion</li></ul>	<ul><li>Nur auf Englisch verfügbar</li><li>Kommt optisch eher etwas altbacken daher</li></ul>

Kostenpunkt: 3,99 €

Egal ob auf Papier oder digital – letztlich müssen Sie jedoch ein wenig üben und experimentieren, um zu Ihrem persönlichen Stil zu finden.

Wie setze ich Prioritäten?

Hilfreich ist es, wenn Sie Ihre Aufgaben nach Wichtigkeit und Dringlichkeit sortieren und danach die Priorität der Aufgabe vergeben. Dieses Vorgehen nach dem sogenannten *Eisenhower-Prinzip* macht deutlich, dass nicht alles, was dringlich ist, auch wichtig ist. Merken Sie sich: Tun Sie Wichtiges vor dem Dringenden.

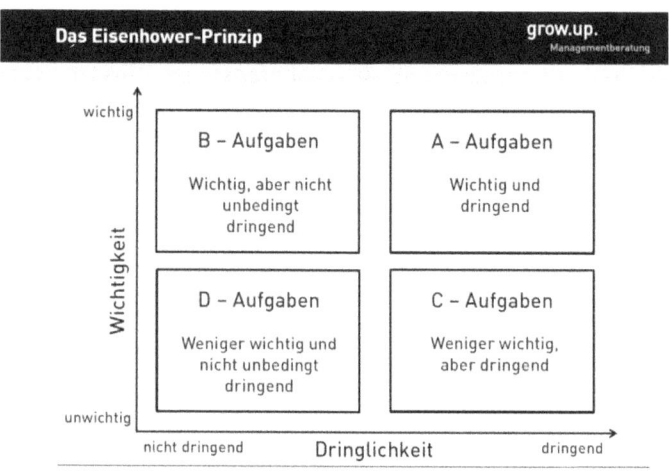

Abb. 4: Das Eisenhower-Prinzip

Der Fokus sollte auf diejenigen Aktivitäten gelegt werden, die zum Erreichen Ihrer Ziele beitragen und/oder das größte Erfolgspotenzial beinhalten. Wichtige Aufgaben haben die Gewichtung auf deren Auswirkungen und Folgen und sind somit meist eher strategischer, langfristiger und präventiver Natur.

Dringende Aufgaben haben einen festen (meist sehr nahen) Termin, an dem sie abgeschlossen sein müssen. Zu ihnen gehören zum Beispiel Präsentationen, Vorbereitungen für Kundentermine, Deadlines, usw.

Mit Hilfe der folgenden Fragen wollen wir Ihnen die Dimensionen *Wichtigkeit* und *Dringlichkeit* näher bringen:

Wichtigkeit

- Welche Folgen sind zu erwarten?

- Wie hoch sind die Kosten?

- Wie groß ist der Schaden?

- Wer ist noch betroffen?

Dringlichkeit

- Bis wann muss die Aufgabe erledigt sein?

- Wie viel Zeit habe ich?

- Wie dringend ist die Aufgabe jetzt?

Mit Hilfe der nachfolgenden Kategorisierung können Sie Ihre Aufgaben, basierend auf den Dimensionen *Wichtigkeit* und *Dringlichkeit,* in fünf Kategorien oder Aufgabentypen einteilen. Kennzeichnen Sie jede Ihrer Aufgaben mit einem der folgenden Buchstaben.

A-Aufgaben

A-Aufgaben (15 Prozent) stellen sich oft in einer Krisensituation, z. B. wenn viel auf dem Spiel steht (= wichtig) und wenn Probleme schnell gelöst werden müssen (= dringend). Diese Aufgaben müssen Sie auf jeden Fall erledigen, denn bei Nichterledigung könnten ernsthafte Konsequenzen entstehen. Um die A-Aufgaben aus Ihrer Aufgabenliste herauszufiltern, fragen Sie sich: „Durch die Erledigung welcher Aufgaben erreiche ich am schnellsten meine wichtigsten Arbeitsziele?" Mehrere A-Aufgaben sollten Sie mit A1, A2, A3 usw. kennzeichnen. Ein Beispiel für eine solche Aufgabe wäre die Anfrage eines großen wichtigen Kunden, der von Ihnen bis morgen ein ausführliches Angebot haben möchte.

B-Aufgaben

Aufgaben der Kategorie B (20 Prozent) sind im Augenblick noch nicht dringend, aber für die Zukunft wichtig. Vernachlässigen Sie B-Aufgaben, geraten Sie eventuell schnell in eine Krisensituation und aus Ihren B-Aufgaben werden A-Aufgaben. Zu den B-Aufgaben zählen meist Aktivitäten, die einen präventiven oder strategischen Charakter haben. Um eine Aufgabe mit B zu priorisieren, fragen Sie sich: „Welche Arbeitsaufträge sind für die Erledigung meiner A-Aufgaben wichtig?" Beispiel für eine Aufgabe aus der Kategorie B kann etwa die Neustrukturierung der Unternehmenshomepage sein. Sie ist erforderlich, um die Inhalte übersichtlicher zu gestalten und die Repräsentativität sowie den Bekanntheitsgrad im Netz zu steigern. Diese Aufgabe bleibt immer eine B-Aufgabe, sie wandert nicht. Für den Projektausschreibungstermin in einem Monat ist das Erstellen einer Projektskizze erforderlich. Diese Aufgabe wandert. Das heißt, durch das Aufschieben dieser Aufgabe wird sie schließlich zur A-Aufgabe. Wir empfehlen Ihnen, nie etwas von Ihrer B-Liste in Angriff zu nehmen, bevor Sie nicht alle A-Prioritäten erledigt haben.

C-Aufgaben

Das typische Tagesgeschäft findet sich in der Aufgaben-klasse C (65 Prozent) wieder. Hierbei handelt es sich um solche Aufgaben, die dringend (weil sie schnell erledigt werden müssen), aber langfristig gesehen nicht wichtig sind. Aber auch C-Aufgaben können zu A-Aufgaben wer-den, wenn Sie nicht rechtzeitig erledigt werden. Natürlich müssen C-Aufgaben erledigt werden - aber nicht von Ihnen. Sie sollten diese Aufgaben delegieren. Welche Auf-gabe Sie idealerweise an welchen Ihrer Mitarbeiter dele-gieren, erfahren Sie in unserem Buch *Erfolgreiche Führ-ung durch Delegation* der grow. up.-Reihe *Führungswissen punktgenau*.

D-Aufgaben

D-Aufgaben gehören nicht auf Ihren Schreibtisch, sondern in den Papierkorb, da sie weder besonders wichtig, noch besonders dringend sind. Das heißt, es entsteht kein Scha-den, wenn diese Aufgaben überhaupt nicht erledigt wer-den. Eine neue Zimmerpflanze für das Büro kaufen wäre etwa ein Beispiel für die Aufgabenkategorie D.

Noch einmal zusammengefasst: A- und B-Aufgaben soll-ten Sie immer zuerst vor allen anderen erledigen. Gehen Sie erst dann an die C-Aufgaben heran. Meistens können Sie sogar einige dieser Aufgaben delegieren. D-Aufgaben, die Sie nicht erledigen wollen, können Sie einfach igno-rieren – diese verschwinden sozusagen von ganz allein.

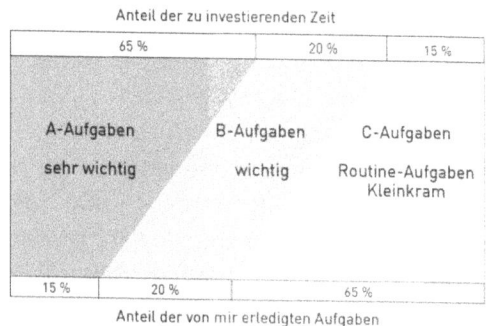

Anteil der zu investierenden Zeit

| 65 % | 20 % | 15 % |

A-Aufgaben   B-Aufgaben   C-Aufgaben

sehr wichtig   wichtig   Routine-Aufgaben
Kleinkram

| 15 % | 20 % | 65 % |

Anteil der von mir erledigten Aufgaben

Abb. 5: Prioritäten setzen

Wie Sie mit Ameise, Löwe, Adler und Elefant stressfrei den Überblick behalten

Von wie vielen Kommunikationsmitteln und anderen Medien sind Sie tagtäglich umgeben? Telefon, Internet, PC, TV, Radio, Zeitung, Videos, etc. Informiertheit und Produktivität sind dadurch stark gewachsen. Wie aber sollen Sie all das in Ihrem täglichen Zeitkontingent unterbringen? Nachfolgend stellen wir Ihnen vier unterschiedliche simplify®-Techniken vor, die Ihnen helfen können, den täglichen Overload an Informationen und Aufgaben erfolgreich zu bewältigen.

1. Die Ameisen-Strategie: Akzeptieren Sie den Zufall

Ameisen kommunizieren über Tastsignale mit ihren Fühlern und über Duftstoffe. Keine Ameise wäre in der Lage, alle Informationen ihrer Millionen von Schwestern in der Ameisenkolonie zu verarbeiten. Welche Nachrichten sie empfängt, ist weitgehend zufällig. Der Ameisenstaat funktioniert trotzdem – obwohl keine Ameise alles weiß.

Tun Sie es der Ameise gleich und sagen Sie sich: „Ich werde niemals allem Aufmerksamkeit schenken können, was meine Aufmerksamkeit möchte." Geben Sie den Vorsatz auf, Sie könnten jemals alle E-Mails und Briefe beantworten, alle Zeitschriften lesen und alle Informationen verarbeiten.

2. Die Löwen-Strategie: In der Ruhe liegt die Kraft.

Wie Sie richtig Prioritäten setzen, haben Sie bereits gelernt. Funktioniert nur leider selten. Warum? Der häufigste Fehler, den wir dabei machen, ist, dass wir priorisieren, während die Anforderungen des Tages bereits auf uns einströmen. Ernennen Sie das Prioritätensetzen selbst zur obersten Priorität. Reservieren Sie hierfür die Zeit am Tag, an der Ihr Geist am klarsten ist. Bei der Mehrheit der Menschen ist das der Morgen, andere schauen lieber in der Nacht auf den nächsten Tag oder die kommende Woche. Schalten Sie dabei alle Störungen aus, suchen Sie sich einen ruhigen Platz. Machen Sie es wie die Löwen, die lange ruhen, bevor sie zur Tat schreiten und angreifen.

3. Die Adler-Strategie: Lassen Sie Ihren Blick schweifen

Vielerorts gilt der Adler als Symbol für Weitblick. Bevor er zum Sturzflug auf seine Beute ansetzt, schwebt er lange. Nehmen Sie beim Prioritäten setzen die Vogel-Perspektive ein, sodass Sie nicht nur den kommenden Tag oder die Woche, sondern Ihr gesamtes Leben im Blick haben: Welche Erfahrungen möchte ich machen? Was soll sich durch mein Leben in der Welt ändern? Betrachten Sie jeden kleinen Punkt auf Ihrer Prioritätenliste im Kontext dieser beider Fragen.

Die Vogel-Perspektive bewahrt Sie davor, nur die Dinge zu sehen, die nahe liegen oder die am lautesten nach Ihrer Aufmerksamkeit verlangen, Sie aber Ihren Zielen nicht näher bringen. Finden Sie aus der Vogel-Perspektive, was Ihre wichtigste Aufgabe des Tages ist sprich welchen kleinen Schritt Sie in Richtung Ihrer Lebensziele gehen können.

4. Die Elefanten-Strategie: Arbeiten Sie ohne Ablenkung

Wie der Mensch, so hat auch der Elefant keine wirklichen natürlichen Feinde. Sie können es sich erlauben, ungeteilt bei ihrer Aufgabe und auf ihrem Weg zu bleiben. Nutzen Sie diesen Vorteil. Wenn Sie aus der Vogel-Perspektive Ihre wichtigste Aufgabe erkannt haben, machen Sie sich mit Ruhe, aber Bestimmtheit, an die Umsetzung. Konzentriert, ohne zu verkrampfen.

Bauen Sie jeden Tag eine Elefantenstunde ein. Nehmen Sie sich jeden Tag eine Aufgabe vor, bei der Sie nicht gestört werden wollen. Legen Sie dafür einen festen Zeitrahmen fest und stellen Sie sich einen Wecker.

Schalten Sie alle Störquellen aus und widmen Sie sich dann mit völliger Aufmerksamkeit diesem einen Arbeitsziel. Sie werden merken, wie effizient Sie arbeiten werden.

Das Pareto-Prinzip oder wie Sie Zeit effektiver nutzen

Der italienische Ökonom Vilfredo Pareto (19. Jh.) stellte fest, dass 20 Prozent der Bevölkerung 80 Prozent des Volksvermögens besaßen. Dieses 80:20 Prinzip fand sich später in vielen Zusammenhängen wieder. Es lässt sich auch auf Zeitnutzung anwenden. In 20 Prozent unserer Zeit erreichen wir 80 Prozent unserer Erfolge und in 80 Prozent unserer Zeit erreichen wir nur 20 Prozent unserer Erfolge. Demnach bringt uns ein Großteil dessen, was uns den Kopf zerbricht, stresst und erschöpft, nur wenig Erfolg und Befriedigung. Mit Hilfe von Zeitmanagement versuchen wir, die 80 Prozent der schlecht genutzten Zeit besser zu nutzen.

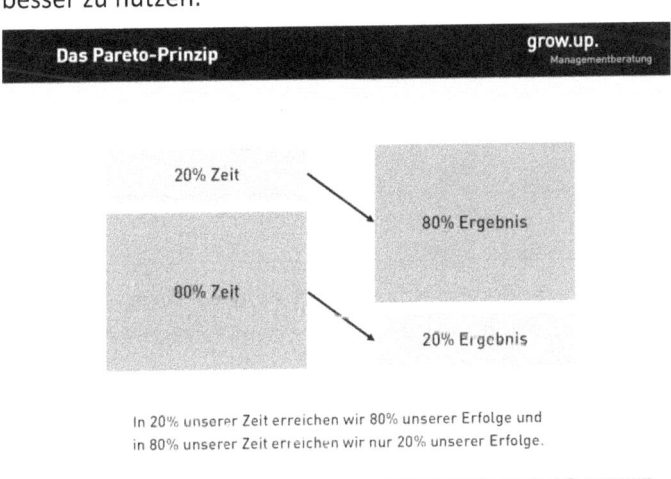

Abb. 6: Das Pareto-Prinzip

Wenn Sie Prioritäten auf Ihre Aufgabenliste setzen, sollten Sie das Pareto-Prinzip nutzen. Denn 20 Prozent von dem, was Sie heute tun, sollte 80 Prozent der Ergebnisse bringen. Das bedeutet bei einer Liste mit zehn Punkten, dass zwei Punkte auf dieser Liste wichtiger sein werden als alle acht anderen zusammen. Die 20 Prozent sind nicht einfach zu erledigen, die 80 Prozent hingegen schon. Welche werden Sie erledigen? Wenn Sie sich selbst disziplinieren, die 20 Prozent-Aufgaben zu erledigen, dann haben Sie wirklich die Kontrolle über Ihre Arbeit und Ihre Zeit.

Mit Hilfe der nachfolgenden Checkliste können Sie Ihre eigene Aufgabenverteilung überprüfen:

Welche 20 Prozent Ihrer Aktivitäten bringen Ihnen in der täglichen Arbeit 80 Prozent des Erfolges?

Checkliste: Pareto-Prinzip I

Aktivität	Zeitanteil	Anteil am Erfolg

Und jetzt andersherum: „Welche Aktivitäten sind sehr zeitaufwendig, tragen aber kaum zum Erfolg Ihrer täglichen Arbeit bei?"

Checkliste: Pareto-Prinzip II

Aktivität	Zeitanteil	Anteil am Erfolg

Wie kann ich durch gezielte Planung meine Zeit besser nutzen?

Wie wir bereits festgestellt haben, behaupten viele Menschen – so auch viele Führungskräfte, ihnen fehle die Zeit, ihre Zeit zu planen. Das ist zu kurz gedacht, denn tatsächlich verkürzt eine gute Planung den Aufwand für eine Aufgabe oft erheblich. Wozu ist also Planung konkret gut? Lassen Sie uns dies am Beispiel des Projektes *Eigenheim* verdeutlichen. Kein Bauunternehmer käme auf die Idee, mit dem Dach zu beginnen, anschließend die Gas- und Wasserleitungen zu verlegen und zum Schluss den Keller zu bauen. Vielmehr folgt er einer bestimmten Reihenfolge von Tätigkeiten, die sowohl technisch sinnvoll sind, als sich auch bereits bei anderen Bauherren bewährt haben. Mit dieser Vorgehensweise ist es viel wahrscheinlicher, dass als Ergebnis ein Eigenheim entsteht, das sowohl den Wünschen der Eigentümer als auch den technischen Auflagen entspricht. Kurzum: durch erfolgreiches Planen können Sie wertvolle Zeit sparen und das Arbeitsergebnis ist oft von besserer Qualität, als wild darauf los zu arbeiten.

1. Planen Sie täglich fünf bis fünfzehn Minuten

So viel Zeit muss sein! Reservieren Sie sich täglich fünf bis fünfzehn Minuten ungestörte Zeit. Dafür empfiehlt sich zum Beispiel die Zeit morgens nach dem Frühstück, um den aktuellen Tag zu planen. Alternativ können Sie auch abends vor dem Schlafengehen den kommenden Tag planen. Am Ende eines Tages sollten Sie Ihre Tagesplanung überprüfen. Aufgaben, die Sie heute nicht geschafft haben, gilt es in Ihre Planung für den nächsten Tag zu übertragen.

2. Schätzen Sie die Dauer Ihrer Aufgaben

Überlegen Sie sich zu jeder Aufgabe, wie lange Sie glauben, für diese zu brauchen. Aber Vorsicht: Schätzen Sie nicht zu knapp. Kalkulieren Sie zu knapp, besteht die große Gefahr, dass Sie später mit Ihrem Zeitplan völlig durcheinander geraten. Planen Sie auch, wann Sie anfangen und wann Sie mit der Aufgabe fertig sein wollen. Eine Planung ohne Termine ist keine Planung, sondern nur ein Vornehmen.

3. Planen Sie unbedingt Pufferzeiten mit ein

Planen Sie zwischen den Aufgaben immer Pufferzeiten mit ein. Häufig werden wir während unserer Arbeit gestört oder unterbrochen. Dieses Phänomen ist normal und lässt sich auch selten vermeiden. Wenn Sie daher Spielraum für Unterbrechungen mit einplanen, können Sie gelassener auf Unterbrechungen und Störungen reagieren und Sie geraten mit Ihren Aufgaben nicht völlig in Verzug. Verplanen Sie nie mehr als 60 Prozent Ihrer Zeit, so bleibt genug Spielraum für Unvorhergesehenes.

Die Grundregel für eine realistische Zeitplanung lautet:

60 Prozent der Zeit für Aufgaben etc.

20 Prozent der Zeit für Unvorhergesehenes

20 Prozent der Zeit als Puffer

4. Visualisieren Sie die jeweiligen Voraussetzungen

Halten Sie am besten auch alles fest, was Sie für eine schnelle und erfolgreiche Aufgabenerledigung brauchen. Benötigen Sie vielleicht noch Informationen oder müssen Sie vorher noch mit jemandem ein Gespräch führen? Notieren Sie alle Ihre Gedanken hierzu. Dadurch vermeiden Sie, dass Ihnen wichtige Voraussetzungen fehlen, wenn Sie mit der Aufgabenbearbeitung beginnen wollen.

5. Planen Sie schriftlich und ergebnisorientiert

Ihre Planung sollte grundsätzlich schriftlich erfolgen. Das verhilft Ihnen zu einem besseren Überblick und ermöglicht eine Ergebniskontrolle. Beginnen Sie mit der Frage: *Was sind die wichtigsten Dinge, die ich heute erledigen will oder muss?* Halten Sie Ihre Antworten auf diese Frage – Ihre Aufgaben – schriftlich fest. Formulieren Sie Ihre Aufgaben ergebnisorientiert, so als ob das Ergebnis der Aufgabe bereits erreicht wäre. Statt *Bericht schreiben* schreiben Sie *Bericht fertig gestellt*. Sie wollen schließlich ein Ergebnis erreichen und schreiben den Bericht nicht um der Tätigkeit willen. Die Formulierung *Bericht fertig gestellt* lässt auch eher die Möglichkeit offen, die Aufgabe zu delegieren.

6. Bleiben Sie flexibel

Ein Plan ist immer nur eine Hilfe zum Nachdenken darüber, was wichtig und was weniger wichtig ist und was Sie an einem Tag alles schaffen wollen. Wenn Sie Ihren Plan wegen unvorhersehbarer Dinge nicht einhalten können, müssen Sie Ihren Plan eben ändern. Sie sollten aber auch nicht zu großzügig sein, wenn es darum geht, Ihre Pläne wieder zu modifizieren. Geraten Sie dauerhaft mit Ihrer Zeitplanung in Verzug, dann kann es nötig sein, dass Sie etwas disziplinierter vorgehen. Überprüfen Sie dann auch, ob Sie sich vielleicht zu viel auf einmal vornehmen und ob Sie die Zeiten für Ihre Aufgaben vielleicht zu knapp planen.

Tagesplanung nach der ALPEN-Methode

Eines der wichtigsten Instrumente für effektives Arbeiten ist der Tagesplan. Ein realistischer Tagesplan enthält grundsätzlich nur das, was Sie an diesem Tag erledigen wollen, müssen und vor allem auch können. Je erreichbarer Sie Ihre Ziele halten, umso stärker mobilisieren Sie auch Ihre Kräfte und konzentrieren sich darauf, diese Ziele zu erreichen. Tagespläne verschaffen Ihnen einen schnellen Überblick und stellen sicher, dass Sie nichts vergessen.

Als effektive Aktivitäten- oder Tagesplanungsmethode hat sich die ALPEN-Methode erwiesen. Sie hilft Ihnen dabei, Ihren Tag systematisch in fünf Stufen zu planen. Die Methode ist relativ einfach und erfordert nach einiger Übung nicht mehr als durchschnittlich fünf bis zehn Minuten tägliche Planungszeit. Die ALPEN-Methode umfasst die folgenden fünf Schritte:

A ufgaben zusammenstellen

In diesem ersten Schritt geht es darum, sich einen Überblick über die zu erledigenden Aufgaben zu verschaffen. Dazu gehören Termine, vorgesehene Aufgaben aus der Wochenplanung, Unerledigtes vom Vortag, neu Hinzugekommenes oder auch periodisch wiederkehrende Tätigkeiten (Post, Telefonate, Besuch etc.).

L änge der Tätigkeiten schätzen

Im zweiten Schritt schätzen Sie die Zeit, die Sie für die einzelnen Aufgaben voraussichtlich benötigen werden. Wenn Sie sich unsicher sind, bilden Sie den Mittelwert zwischen: *Wie lange wird die Aufgabe mindestens dauern?* und *Wie lange wird die Aufgabe höchstens dauern?*

P ufferzeiten für Unvorhergesehenes schaffen

Um auf Unvorhergesehenes flexibel reagieren zu können und nicht unter Zeitdruck zu geraten, verplanen Sie nur 60 Prozent Ihrer Tageszeit und reservieren Sie die restliche Zeit für Unvorhergesehenes und als Pufferzeit.

E ntscheidung über Prioritäten

Anschließend sollten Sie Prioritäten setzen und die zu erledigenden Aufgaben in eine Reihenfolge bringen, delegieren Sie Aufgaben und Termine. Denken Sie hierbei aber daran, die Aufgabenerfüllung zu kontrollieren.

N achkontrolle

Überprüfen Sie Ihren Tagesplan am Ende eines Arbeitstages. Alle unerledigten Aufgaben übertragen Sie entweder auf einen der kommenden Tage oder in Ihre Aktivitätenliste.

Warum hilft mir eine Aktivitätenliste und wie gehe ich bei der Erstellung vor?

In der Aktivitätenliste halten Sie alle Aufgaben fest, die in Ihrer Verantwortung liegen. Sie ist ein Instrument zur laufenden Kontrolle der geplanten Aktivitäten. Konkret dient sie dazu,

- Überblick und Ordnung für Ihre Aufgaben zu schaffen,

- Prioritäten zu setzen,

- Verzettelung zu verhindern,

- die eigenen Kräfte immer wieder zu konzentrieren,

- Transparenz zu schaffen,

- Sie fortlaufend an Kernaufgaben zu erinnern.

Vorgehen

- Tragen Sie jede Aktivität, für die Sie verantwortlich sind, in Ihre Aktivitätenliste ein.
- Versehen Sie jede Aktivität mit einem Fertigstellungstermin.
- Ordnen Sie jeder Aktivität eine Priorität zu.
- Überprüfen Sie bei Ihrer regelmäßigen Tages-, Wochen- und Monatsplanung Ihre Liste. Fügen Sie neue Aktivitäten hinzu. Erledigte Aktivitäten erhalten den Status „o.k.". Aktivitäten, deren Fertigstellungstermin bereits überschritten ist, terminieren Sie neu.
- Aktivitäten, für die Sie verantwortlich sind, die Sie jedoch nicht unbedingt selbst erledigen müssen, können Sie – falls möglich – an jemand anderen

delegieren. Für die Terminüberwachung bleiben jedoch Sie als Führungskraft zuständig.

Mit Hilfe der folgenden Checkliste können Sie ganz leicht Ihre persönliche Aktivitätenliste erstellen.

Checkliste: Aktivitätenliste

Datum	Aktivität (Was?)	Bis wann	Priorität	Wer / mit wem	o.k. ?

Was ist ein Zeitplanbuch und warum ist dieses für mich wertvoll?

Ein Zeitplanbuch enthält wichtige Termine, Aktivitätenlisten, Prioritäten, Tagespläne, Wochen- und/oder Monatsübersichten, Jahresübersichten und sonstige wichtige Informationen. Es ist nicht nur ein einfacher Terminkalender, sondern ein Führungsinstrument für die Zeit- und Zielplanung, welches man vielfältig nutzen kann: als Terminkalender, Notizbuch, Planungsinstrument, Erinnerungshilfe, Adressbuch, Ideenspeicher und Kontrollwerkzeug.

Vorteile von Zeitplanbüchern sind:

- Sie geben einen Überblick über anstehende Aufgaben (Aktivitätenliste) und geplante Termine (Tages-, Monats- und Jahresplan).
- Sie dienen als Planungsinstrument, in dem Sie anstehenden Aktivitäten Prioritäten zuordnen und die Aufgaben dann in Ihrer Tagesplanung bzw. Monatsplanung berücksichtigen.
- Da Sie Kontakte und Aktivitäten konkret mit Terminen versehen haben, ist es für Sie einfach, am Ende eines Tages, einer Woche oder eines Monats Bilanz zu ziehen. Sie erkennen sehr schnell, welche Aufgaben erledigt sind und welche noch anstehen.
- Das Zeitplanbuch unterstützt Sie bei der Nachkontrolle.

Welche Tipps und Tricks gibt es noch, um Zeit zu sparen?

Bis hierhin haben Sie bereits gelernt, wie man Zeitprotokolle erstellt, Prioritäten setzt und was ein Zeitplanbuch ist. Darüber hinaus möchten wir Ihnen im Folgenden eine Reihe praktischer Tipps und Tricks an die Hand geben, mit denen Sie Zeit sparen können.

1. Planen Sie *ruhige Stunden* ein

Um konzentriert arbeiten zu können, ist es wichtig, ruhige und störungsfreie Stunden während der Arbeit zu haben. In dieser Zeit schaffen Sie besonders viel. Um den genauen Zeitpunkt für diese ruhigen Stunden zu definieren, fragen Sie sich einfach, wann Sie am besten konzentriert arbeiten können. Im Durchschnitt können die meisten Menschen in den frühen Morgenstunden oder am Abend sehr konzentriert arbeiten. Planen Sie ganz bewusst diese ein oder zwei Stunden in Ihren Tagesablauf mit ein. Wenn Sie ein Zeitplanbuch oder einen Terminkalender haben, tragen Sie Ihre ruhigen Stunden dort ein und behandeln Sie diesen Termin so, wie einen Termin mit einer anderen Person.

2. Nutzen Sie Ihre Leistungshochs

Es ist ganz natürlich, dass Sie zu bestimmten Tageszeiten leistungsfähiger sind als zu anderen. Im Durchschnitt sind Menschen zwischen 8 und 12 Uhr besonders leistungs-fähig, gegen Mittag weniger leistungsfähig und erleben ein weiteres Leistungshoch zwischen 18 und 21 Uhr, wel-ches von einem weiteren Leistungsabfall am späten Abend gefolgt wird.

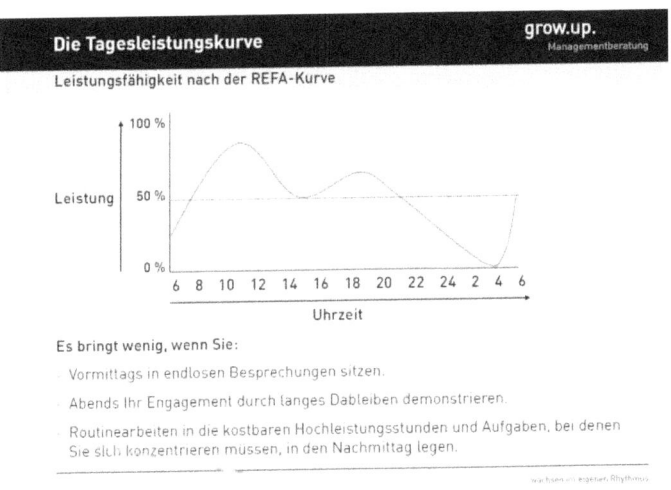

Abb. 7: Die Tagesleistungskurve

Diese durchschnittlichen Werte müssen aber nicht zwin-gend auf Sie zutreffen. Finden Sie also heraus, was Ihre persönliche Leistungskurve ist. Schreiben Sie hierfür ganz

einfach einige Tage lang auf, wie leistungsfähig und konzentriert Sie sich zu welcher Uhrzeit fühlen. Sie können
beispielsweise Schulnoten für die Höhe Ihrer Konzentra-
tionsfähigkeit verwenden. So bekommen Sie schnell ein
Gefühl dafür, zu welchen Tageszeiten Sie in Topform sind.

Ihr Leistungshoch sollten Sie dann gezielt ausnutzen, um
Ihre wichtigsten Aufgaben zu erledigen. Zu den Zeiten am
Tag, wo Sie ein Leistungstief haben, können Sie Routinear-
beiten erledigen. So nutzen Sie Ihre Fähigkeiten optimal.

3. Vermeiden Sie Unterbrechungen

Da Sie natürlich nicht den ganzen Tag *ruhige Stunden* ein-
richten können, wird es immer mal wieder zu Unterbrechungen durch Ihre Kollegen, das Telefon oder eine wichtige
E-Mail kommen. Diese häufigen Unterbrechungen reißen
Sie immer wieder aus den Gedanken und unterbrechen
Ihren Arbeitsfluss. Statistisch gesehen, dauert es wieder
mehrere Minuten, bis Sie wieder mit der gleichen Konzentration weiterarbeiten (können) wie zuvor. Schon allein
der Gedanke, dass Sie jeden Moment wieder gestört werden können, behindert Ihre Tiefenkonzentration.

Deswegen gilt: Vermeiden Sie Unterbrechungen. Wenn
Sie jemand stört, dann sagen Sie demjenigen freundlich,
dass Sie im Augenblick keine Zeit haben. Vereinbaren Sie
mit dem *Störenfried* einen anderen Zeitpunkt, an dem Sie
sich mit seinem Thema beschäftigen. Aber tun Sie es nicht
sofort. Das verschafft Ihnen Ruhe und obendrein Respekt.

Sorgen Sie beispielsweise, wie bereits oben beschrieben,
durch eine *ruhige Stunde* dafür, nicht gestört zu werden.
In dieser Zeit wissen Ihre Kollegen, dass Sie nicht gestört
werden möchten. E-Mails sollten Sie – vorausgesetzt

natürlich, dass dies in Ihrer Position möglich ist – gezielt ignorieren. Falls Sie beispielsweise Mitarbeiterverantwortung haben, könnten Sie mit Ihren Mitarbeitern eine Zeitspanne ausmachen, in der sie Sie stören und Fragen stellen können. Diese Zeitspanne können Sie beispielsweise in die Tageszeit legen, in der Sie eher ein Leistungstief haben und Routineaufgaben erledigen.

4. Setzen Sie sich zeitliche Limits

Wenn Sie eine Aufgabe angehen, egal, ob dies eine wichtige, dringende oder auch unwichtige Aufgabe ist, sollten Sie sich zwingend ein zeitliches Limit setzen. Es gibt eine scheinbar unerklärliche Wechselwirkung zwischen der Zeit, die uns für Aufgaben zur Verfügung steht und der Zeit, die wir tatsächlich für die Erledigung brauchen. Meist brauchen wir genau so viel Zeit, wie uns zur Verfügung steht. Sie können dies einfach mal überprüfen. Setzen Sie sich einmal bewusst ein Zeitlimit für eine bestimmte Aufgabe und erledigen Sie danach eine andere Aufgabe ohne Zeitlimit. Sie werden sicherlich feststellen, dass das gesetzte Zeitlimit Sie anspornen wird, es nicht zu überschreiten. Im beruflichen Alltag helfen Ihnen diese Zeitlimits, sich auf Ihre Aufgabe zu konzentrieren, sich nicht ablenken zu lassen und das eigene Leistungshoch zu nutzen. Machen Sie es sich also am besten zur Gewohnheit, sich vor jeder Aufgabe und vor jeder Besprechung ein Zeitlimit festzusetzen und versuchen Sie diszipliniert, dieses Limit einzuhalten.

5. Teilen Sie große Aufgaben in sinnvolle Teilaufgaben auf

Vielleicht kennen Sie das Gefühl, eine große Aufgabe erst gar nicht angehen zu wollen, weil Ihnen der Berg einfach riesig erscheint und Sie befürchten, diesen gar nicht erklimmen zu können. Diesem Gefühl können Sie Abhilfe verschaffen, indem Sie eine große Aufgabe in viele Teilaufgaben zergliedern und diese einzeln erledigen. Dies machen Sie am besten, indem Sie sich fragen, welche Arbeitsschritte zu dieser Aufgabe gehören, diese aufschreiben und sich für jede der Teilaufgaben ein Zeitlimit setzen. Erledigen Sie nun Schritt für Schritt die Aufgaben bis Sie Ihre große Aufgabe erledigt haben.

6. Lernen Sie *Nein-Sagen*!

Ein Klassiker: Der Chef hat eine tolle Idee. Schnell eilt er damit zu Ihnen und drückt Sie Ihnen aufs Auge. Voller Elan antworten Sie: „Okay, mach ich Ihnen bis morgen fertig". Sobald der Chef wieder aus der Türe ist, schauen Sie wehmütig auf Ihre Aufgaben-Liste. Aber wenn der Chef kommt, kann man ja nicht nein sagen... Oder? Doch, man kann und man sollte. Vor allem dann, wenn es gerade Wichtigeres zu erledigen gibt. Um nicht voreilig zu antworten, bitten Sie ruhig um Bedenkzeit, denn Sie müssen nicht auf der Stelle *Ja* oder *Nein* sagen. Sagen Sie z. B. ruhig: „Ich muss darüber einen Moment nachdenken." Und klären Sie vor Ihrer Antwort genau ab, was der andere möchte, indem Sie Fragen stellen: Was ist genau zu tun? In welcher Form? Bis wann? Was gilt es zu berücksichtigen? Aus welchem Grund ist es wichtig? Kann die Aufgabe ein anderer erledigen? Wer kann es am besten alternativ erledigen? Nur so können Sie beurteilen, was das für Ihre Aufgaben-/Prioritätenliste bedeutet und ob Sie die Aufgabe wirklich übernehmen können und wollen.

Was kann ich gegen *Aufschieberitis* tun?

Viele Menschen neigen dazu, Aufgaben tagelang vor sich her zu schieben: *Das hat doch noch Zeit! Ich arbeite sowieso auf den letzten Drücker am besten.* Oder: *Ich will zuvor nur noch eben schnell....* Das geht oft so lange, bis die Aufgabe nicht länger aufgeschoben werden kann und dann folgen schnell Zeitdruck und Stress, weil nicht mehr genug Zeit bleibt. Es gibt einige probate Mittel, um der eigenen Aufschieberei ein Ende zu bereiten:

Fangen Sie klein an

Überlegen Sie sich, was der allerkleinste Teilschritt für Ihre Aufgabe sein könnte und tun Sie ihn. Nehmen Sie sich zunächst nur vor, diese eine kleine Aufgabe zu erledigen. Damit ist der erste Schritt getan, der oft so schwierig ist. Meist können wir dann auch ohne Probleme weitermachen.

Oft schieben wir eine Aufgabe nur vor uns her, weil sie uns zu groß erscheint. Wenn Sie das Schreiben eines Berichts aufschieben, dann sammeln Sie vielleicht erstmal nur die Stichworte für den Inhalt. Wenn Sie mit dem kleinsten Schritt anfangen, bekommen Sie vielleicht Lust auf mehr.

Belohnen Sie sich für erledigte Aufgaben

Oft erledigen wir Aufgaben so ungern, weil wir aus ihnen nur einen indirekten Nutzen haben (z. B. den Job zu behalten). Dann fehlt uns die Motivation. Denken Sie sich deshalb für das Erfüllen Ihrer Aufgabe einfach verschiedene tolle Belohnungen aus. Wählen Sie für jede Aufgabe, bei der Sie sich schwer tun, eine Belohnung, die Sie wirklich motiviert und bei der die Vorfreude auf die Belohnung stärker ist, als Ihre Gründe, die Aufgabe vor sich her zu schieben.

Zwei Dinge, die dabei ganz wichtig sind: Erstens dürfen Sie sich erst dann belohnen, wenn Sie Ihre Aufgabe auch wirklich erfüllt und abgeschlossen haben. Vorher belohnen gilt nicht, sonst ist ja die Motivation weg. Zweitens müssen Sie sich, wenn Sie Ihre Aufgabe erfüllt haben, dann auch tatsächlich belohnen. Betrügen Sie sich auf keinen Fall selbst, dann funktioniert diese Art der Motivation nicht mehr.

Erledigen Sie unangenehme Aufgaben zuerst

Versuchen Sie, Ihre unangenehmsten Aufgaben am frühen Morgen einzuplanen. Bringen Sie die unerfreulichen Dinge gleich hinter sich, anstatt den ganzen Tag daran zu denken.

Manchmal hilft es, wenn man sich unangenehme Aufgaben scheibchenweise vornimmt. Versuchen Sie, sich 5 oder 10 Minuten einer unangenehmen Aufgabe zu widmen. Wenn Sie einmal dabei sind, stellen Sie vielleicht fest, dass sie gar nicht so unangenehm ist. Und wenn Sie nach 5 Minuten wieder aufhören, sind Sie schon ein Stück weitergekommen.

Setzen Sie sich selbst einen Termin

Der Termin sollte unbedingt realistisch sein. Halten Sie ihn schriftlich fest. Informieren Sie jemand anderen über den

Termin, den Sie sich gesetzt haben. Versprechen, die wir nur uns selbst gegenüber gemacht haben, brechen wir leichter als Versprechen, die wir auch anderen gegeben haben.

Wenn Sie vor einer Aufgabe stehen, die Ihnen so gegen den Strich geht, dass kein *Trick* hilft und Sie sich einfach nicht aufraffen können, versuchen Sie in diesem Fall, die Aufgabe in einem größeren Zusammenhang zu sehen – also im Hinblick darauf, was Ihrem Unternehmen die Erledigung letztlich für einen Nutzen bringt. Dadurch wird die Aufgabe zwar nicht weniger unangenehm, aber Ihre Einstellung ändert sich.

Wie kann ich mein Zeitmanagement überprüfen?

Es gibt einige Grundregeln, die zu einem guten Zeitmanagement dazu gehören. Wir haben Ihnen die wichtigsten Regeln der systematischen Zeitplanung in der folgenden Tabelle zusammengestellt. Gehen Sie die Tabelle für sich persönlich durch und überlegen in Ruhe, welche der Regeln auf Sie zutreffen.

Checkliste: Regeln für Ihre systematische Zeitplanung

Regel	JA	NEIN
Ich bin sensibel für Störungen und Zeitdiebe und reduziere sie kontinuierlich.		
Ich schaffe mir *ruhige Stunden* für konzentriertes Arbeiten. (Ich mache einen Termin mit mir selbst.)		
Ich treffe klare Absprachen und Regeln mit Kollegen über Zuständigkeiten und Zeiten.		
Ich treffe mit mir selbst Vereinbarungen.		
Ich schaue erst auf mein Verhalten, um etwas zu ändern und dann auf das der Anderen.		
Ich lerne, *Nein* zu sagen.		
Ich definiere meine eigenen Grenzen und kommuniziere sie nach außen.		
Ich überprüfe immer wieder, ob mein eigener Arbeitsstil noch angemessen/effizient ist.		
Bei Terminabsprachen wirke ich aktiv mit und lasse mich nicht nur bestimmen.		
Unangenehmes erledige ich sofort.		

Regel	JA	NEIN
Ich zerlege große unangenehme Aufgaben in kleine, schnell zu erledigende Teilaufgaben.		
Ich prüfe, ob eine Aufgabe überhaupt jetzt, von mir und in dieser Form erledigt werden muss.		
Ich plane am Vortag, zukunftsorientiert und langfristig.		
Ich plane unter Beachtung meiner Leistungskurve und der Störzeiten.		
Ich achte auf sinnvolle Pausen.		

Regel	JA	NEIN
○ Ich fasse gleichartige Aufgaben zu Blöcken zusammen.		
○ Ich schließe eine Aufgabe ab, bevor ich etwas Neues beginne.		
○ Ich verplane realistisch nur ca. 60 Prozent meiner Zeit.		
○ Ich beschreibe Ergebnisse und plane Endtermine.		
○ Ich vergebe Prioritäten und plane danach.		
○ Ich plane Termine mit ausreichender Zeitreserve.		
○ Ich lege mir ein Planungssystem zu.		
○ Ich begrenze Lieblingsbeschäftigungen und Unwichtiges.		
○ Ich kontrolliere mich selbst und meinen Erfolg.		
○ Ich belohne mich selbst.		

Warum Selbstführung mehr ist als Zeitmanagement

Die Kompetenz Zeit- und Selbstmanagement wird bei Führungskräften längst als selbstverständlich vorausgesetzt. Oft bekommen wir aber in unseren Seminaren die Rückmeldung: „Bei mir funktioniert das nicht." oder „Ich habe so viele Jobs gleichzeitig.".

Wir alle füllen in unserem Leben verschiedene Rollen aus, in denen wir Verantwortung übernehmen – im Beruf, wie auch im Privaten. Wir haben sozusagen täglich unterschiedliche Hüte auf.

In Ihrem Beruf sind Sie z. B. Führungskraft, Verkaufsleiter, Referent, Mitarbeiter, Stratege, Kollege, Betriebsratsmitglied, Mitglied eines oder mehrerer Arbeitskreise und/oder Verbandsfunktionär.

Im Privatleben sind Sie Ehemann/-frau, Partner/in, Vater/Mutter, Sohn/Tochter, Bruder/Schwester, Onkel/Tante, Nachbar/in, Vereinsmitglied, Hobby-Fußballer/in und/oder Hobby-Koch/Köchin.

Nun neigen wir Menschen dazu, all diesen unterschiedlichen Rollen mehr oder weniger gleichsam gerecht werden zu wollen. Das ist jedoch schlichtweg unmöglich! Denn wir können bekanntlich nicht auf allen Hochzeiten gleichzeitig tanzen oder anders formuliert, die unterschiedlichen Rollen stellen unterschiedliche, zum Teil gegensätzliche Anforderungen an uns, die nicht miteinander vereinbar und unmöglich alle zu erfüllen sind.

Der einzige Ausweg aus diesem Dilemma besteht darin, die Anzahl der eigenen Lebenshüte zu reduzieren.

Die hohe Kunst des Selbstmanagement liegt demnach also nicht nur in dem beständigen Versuch, immer noch ein Stückchen effizienter zu werden, sondern auch und vor allem in der Beschränkung auf das Wesentliche – in der Vereinfachung. Denn: Weniger ist manchmal eben doch mehr!

Das Lebenshüte-Modell (nach Prof. Dr. Lothar Seiwert)

Das Prinzip der sieben Lebenshüte stammt von Zeitmanagement-Guru Prof. Dr. Lothar J. Seiwert. Er beschreibt als *Lebenshüte* die Schlüsselrollen, die jeder Mensch im Berufs- wie im Privatleben ausfüllt.

Die Kunst besteht darin, die *richtigen* Lebenshüte zu finden und Sie auf maximal sieben zu beschränken, denn zu viele Lebenshüte rauben uns Zeit, verursachen Unzufriedenheit und Stress.

Die folgende Übung soll Ihnen helfen, sich auf die Dinge zu fokussieren, die für Sie wirklich wichtig sind. Sie kann Anstoß sein, Ihr Leben etwas oder auch völlig anders zu strukturieren. Überprüfen Sie Ihre Lebenshüte und trennen Sie sich von den Modellen, die nicht zu 100 Prozent zu Ihnen passen.

Führen Sie die Übung unbedingt schriftlich durch:

1. Teilen Sie ein DIN A4 Blatt in mindestens 12 Felder auf. Schreiben Sie in jedes Feld einen Ihrer Lebenshüte. Denken Sie dabei an alle Lebensbereiche
   - Gesundheit und Körper
   - Arbeit, Leistung und Finanzen
   - Beziehung und Partnerschaft
   - Sinn und Werte

2. Bewerten Sie jeden Hut (jede Rolle) mit einem entsprechenden „Smiley":

angenehm, neutral, unangenehm.

Überlegen Sie dabei genau, welche Rollen und Lebens-hüte Sie loslassen könnten.

3. Reduzieren Sie Ihre Lebenshüte auf maximal sieben.

Es ist gut möglich, dass Sie beim dritten Schritt in Bedrängnis kommen, weil Ihnen alle Hüte unglaublich wichtig erscheinen und Ihnen daher die Reduzierung sehr schwer fällt. Wir meinen, ohne uns ginge es nicht. So laden wir uns über die Zeit immer mehr auf und denken über den einen oder anderen Hut überhaupt nicht mehr nach. Wir ziehen uns ihn einfach an oder lassen ihn uns geduldig aufsetzen, egal, ob er uns überhaupt passt, uns steht oder ob er unsere Bedürf-nisse, Wünsche und Ziele tatsächlich wiedergibt.

Können Sie sich denn gar nicht vorstellen, am kom-menden Dienstag auf den Stammtisch zu verzichten? Sich in einem Schuljahr einmal nicht als Elternsprecher aufstellen zu lassen oder als Leiter des Arbeitskreises? Wie wäre es stattdessen damit, einmal die Seele baumeln lassen und sich einen schönen Tag zu gön-nen, an dem Sie ausschließlich das tun, wonach Ihnen der Sinn steht und was Ihnen gut tut?

Ohne Frage gibt es festgeschriebene Rollen, die wir nicht einfach ablegen können, wie z. B. die Führungsrolle oder auch die Rolle als Elternteil. Doch wenn wir ehrlich zu uns selbst sind, müssen wir uns eingestehen, dass es auch Rollen gibt, in denen wir nur Komparsen sind oder die uns unbemerkt übergestülpt wurden. Hiervon müssen Sie sich trennen, wenn Sie mehr Zeit für sich gewinnen und Ihre Leistung in einem Lebensbereich verbessern wollen.

Was macht mich eigentlich glücklich? Was ist mir im Leben wirklich wichtig? Und was sind meine Lebensziele?

Im Folgenden stellen wir Ihnen drei kleine Übungen vor, die Ihnen dabei helfen sollen, genau diese Fragen für sich zu beantworten. Sie gewinnen ein klareres Bild, was in Ihrem Leben wirklich zählt. Hiernach sollte es Ihnen auch leichter fallen, Ihre Lebenshüte auf sieben zu reduzieren.

Übung Geburtstagsrede   **grow.up.**
                                             Managementberatung

- Stellen Sie sich vor, Sie feiern Ihren 80sten Geburtstag!
- Malen Sie sich Ihre Umgebung aus!
- Welche Gratulanten sind gekommen?
- Wie fühlen Sie sich, während Sie in diesem Kreis sitzen?
- Welche Personen halten welche Festreden auf Sie?
- Was ist Ihnen in ihrem Leben wirklich wichtig?
- Notieren Sie alles!
- Sprechen Sie über die Ergebnisse mit Ihrem Partner, Freunden und Verwandten.

wachsen im eigenen Rhythmus

Abb. 8: Übung Geburtstagsrede

- Stellen Sie sich einen Tag in Ihrer Vergangenheit vor, an dem Sie besonders zufrieden oder glücklich waren

- Lassen Sie diesen Tag in allen Einzelheiten Revue passieren

- Überlegen Sie, warum Sie an diesem Tag so zufrieden, so glücklich waren

- Notieren Sie für die folgenden Lebensbereiche, inwieweit sich dieser Tag von „normalen" Tagen unterschieden hat

 Gesundheit und Körper:

 Arbeit, Leistung und Finanzen:

 Beziehung und Partnerschaft:

 Sinn und Werte:

wachsen im eigenen Rhythmus

Abb. 9: Übung Glücklicher Tag

Teil A

Notieren Sie ausgehend von Ihrer Vision zu jedem Lebensbereich, was Ihnen wirklich wichtig ist:

 Gesundheit und Körper:

 Arbeit, Leistung und Finanzen:

 Beziehung und Partnerschaft:

 Sinn und Werte

wachsen im eigenen Rhythmus

Abb. 10: Übung Lebensziele, Teil A

Teil B

Worin zeigt sich, dass Ihre Lebensziele erreicht sind bzw. dass Sie das, was Ihnen wirklich wichtig ist, erreicht haben?

Gesundheit und Körper:

Arbeit, Leistung und Finanzen:

Beziehung und Partnerschaft:

Sinn und Werte :

wachsen im eigenen Rhythmus

Abb. 11: Übung Lebensziele, Teil B

Mit diesem Buch aus der grow.up.-Reihe *Führung TO.GO.* haben Sie hilfreiche Methoden und Instrumente an die Hand bekommen, die Ihnen helfen, sich selbst, Ihre Aufgaben und die eigene Zeit zu planen und zu steuern. Sie haben erfahren, wie Sie Prioritäten richtig setzen, mit Zeitfressern besser umgehen sowie effektiver und effizienter arbeiten können. Sie wissen, wie Sie auf die Entwicklung Ihrer Zeit- und Selbstmanagementkompetenz positiven Einfluss nehmen können und zu Ihrem persönlichen (Zeit-)Manager werden.

Sie haben aber auch kritisch reflektiert, dass zur erfolgreichen Selbstführung nicht nur gehört, die eigene Effizienz immer weiter zu steigern, sondern auch, sich bewusst zu werden, was Ihnen wirklich wichtig ist. Auch hier haben Sie Methoden und Übungen kennengelernt, die Ihnen dabei helfen, sich in Ihrem Leben auf die Hauptrollen zu fokussieren, um Ihrer Vision und Ihren Lebenszielen näher zu kommen.

Sich selbst besser und erfolgreicher zu führen und zu managen funktioniert nicht von heute auf morgen, es ist eine Lebensaufgabe. Doch wenn Sie damit beginnen, die Grundprinzipien dieses Buches umzusetzen, werden Sie schnell erste Erfolge und wieder mehr Zeit für die wichtigen Dinge haben.

Literaturhinweise & weitere Informationen

Entdecken Sie unsere Reihe *Führung TO.GO.*:

- Junge Generationen wirksam führen,
  ISBN: 979-8308001089
- Erfolgreiche Führung durch Storytelling,
  ISBN: 979-8337841717
- Erfolgreiche Führung durch Resilienz und Stressmanagement, ISBN: 979-8328985710
- Wertschätzung als Instrument guter Führung,
  ISBN: 979-8322682387
- Coachingkompetent als Führungskraft,
  ISBN: 979-8393644987
- Erfolgreiche Führung mit dem Vierfarben-Modell,
  ISBN: 978-1540333735
- Erfolgreiche Führung durch Selbstführung,
  ISBN: 978-1523421688
- Erfolgreiche Führung durch Kommunikation,
  ISBN: 978-1523423682
- Erfolgreiche Führung durch Delegation,
  ISBN: 978-1518717291
- Feedbackkompetenz für Führungskräfte,
  ISBN: 978-1548914868
- Erfolgreiche Führung durch Motivation,
  ISBN: 978-1517749477
- Erfolgreiches Verhandeln für Führungskräfte,
  ISBN: 978-1544271309
- Leadership Culture. Führungskultur verstehen und leben, ISBN: 978-1983590245
- Agilität einfach erklärt, ISBN: 979-8610628653
- Scrum einfach erklärt, ISBN: 979-8619242232
- Design Thinking einfach erklärt, ISBN: 979-8652370466

Weitere Informationen zu verschiedenen Tools für den Joballtag finden Sie auch auf unserer Seite unter **www.grow-up.de.**

Abonnieren Sie unseren Blog unter blog.grow-up.de. Wir schreiben regelmäßig zu Management-, Führungs- und Personalthemen, heiß diskutierten Tools, wie z. B. Design Thinking, Digitalisierung und vielen weiteren für Sie relevanten und interessanten Themen.

Auch in den sozialen Medien sind wir vertreten. Gerne bleiben wir so mit Ihnen in Kontakt.
Unseren YouTube-Kanal finden Sie unter folgendem QR-Code:

Hier finden Sie **weiterführende Videos.**

Oder besuchen Sie uns auf **Facebook** oder **Instagram**:

 Senden Sie uns Ihre Meinung/Anmerkungen/ Fragen zu unserem Buch entweder per Mail an **lorenz@grow-up.de** oder machen Sie uns die Freude, und hinterlassen Sie uns Ihre Rezension direkt auf amazon.de.

Ihre Rezension

Vielen Dank!

Die Autoren

 **Michael Lorenz** ist Geschäftsführer der grow.up. Managementberatung GmbH in Gummersbach. Vorher war er langjährig Geschäftsführer und Partner der Kienbaum Management Consultants GmbH und leitete den Geschäftsbereich Human Resources Management.

Michael Lorenz berät nationale und internationale Kunden seit 1988 in Fragen der Strategie, der Personalentwicklung und der Management-Diagnostik. Schwerpunkte seiner Arbeit liegen in der Prozessbegleitung und Moderation von strategischen Neuausrichtungs- und Umstrukturierungsprozessen sowie in der Ausrichtung von Servicebereichen. Weitere Schwerpunkte liegen in Trainings und Workshops für Manager und Führungskräfte in den Themenfeldern Management, Führung und Vertrieb und in der Konzeption, Implementierung und Projektleitung bei Personalentwicklungsprojekten.

In individuellen Coachings begleitet Michael Lorenz Manager bei persönlichen Veränderungs- und Entwicklungsprozessen in Führungs- und Positionierungsfragen. Er hat zahlreiche Artikel und Bücher zum Themenfeld Management, Führung und Human Resources veröffentlicht.

 **Nora Haager** ist seit 2014 Beraterin und Trainerin bei der grow.up. Managementberatung GmbH in Gummersbach. Sie studierte Psychologie (B. Sc. und M. Sc.) mit dem Schwerpunkt Wirtschafts- und Personalpsychologie an der Technischen Universität Darmstadt.

Ihr Beratungs- und Tätigkeitsspektrum umfasst im Bereich der HR-Systeme und -Instrumente die Konzeption und Begleitung von Auswahl- und Potenzialanalyseverfahren sowie von Personal- und Prozessentwicklungsinstrumenten, die Durchführung von Personaldiagnostik mit Persönlichkeitsfragebögen und Testverfahren, das Führen von Auswertungs- und Entwicklungsgesprächen, die Entwicklung von Mitarbeiterbeurteilungs- und Zielvereinbarungsinstrumenten sowie die Konzeption, Implementierung und Auswertung von Feedback-Instrumenten.

In der Qualifizierung und dem Training von Führungskräften und Spezialisten hat sie sich auf die Bereiche Führung und Motivation, Konzeption und Begleitung von Führungs- und Projektplanspielen, Präsentation und Moderation, Kommunikation, Gesprächs- und Verhandlungsführung, Selbst-, Zeit- und Stressmanagement, Personalmarketing und -auswahl sowie Veränderungsmanagement spezialisiert.

Außerdem führt sie Karriere-Coachings und Team-Workshops zu unterschiedlichsten Fragestellungen durch. Nora Haager ist systemischer Coach und Reiss Profile® Master.